謹以首著——心弦詩集

跪獻給

我勞苦一生、貧病以終的

父母親大人　靈右

心弦詩集

李　玉著

文史哲出版社印行

國家圖書館出版品預行編目資料

心弦詩集 / 李玉著. -- 初版. -- 臺北市：文史哲, 民85
面； 公分. -- (文史哲詩叢；22)
ISBN 957-549-042-8 (平裝)

851.486 85012014

文史哲詩叢 ㉒

心弦詩集

著者：李玉
出版者：文史哲出版社
登記證字號：行政院新聞局局版臺業字五三三七號
發行人：彭正雄
發行所：文史哲出版社
印刷者：文史哲出版社
台北市羅斯福路一段七十二巷四號
郵撥〇五一二八八一二彭正雄帳戶
電話：三五一一〇二八
實價新台幣二六〇元
中華民國八十五年十一月初版

ISBN 959-547-042-8

心弦詩集目錄

蕭序……一
我的詩觀……七
自序……八

抒情篇

返鄉組曲……三
心弦四帖……十
四季組曲……十四
四季繫旅……十六
君山茶……十八
愛河凝眸……二十
木棉花……廿三
港都的一天……廿五

紅毛港送你一程……廿七
慈母心……廿九
送秋……卅一
夜訪三仙台……卅三
浮雲……卅五
神木頌……卅七
蓮池潭之晨……卅九
迎春……四一
打坐……四三
良夜星光……四五
白髮吟……四八
望海……五一
浪……五三
長城……五四

晨……五七
楓……五八
鄉土情懷 挑水……五九
八八頌……六一
海女……六三
春酒……六五
世界詩人之都……六七
五月愛河……七十
燈海濺浪……七二
軛……七三
元旦升旗……七七
彩霞……七九
旅者……八十
曇花……八一

六十歲祈禱詞……八三
珍珠婚慶……八六
最難風雨故人來……九十
多放幾把椅子……九三
熱血依然沸騰……九八

加工區篇

加工區之晨……一〇一
加工區之夜……一〇三
讚 加工出口區……一〇五
汪主編的期盼……一〇九
思想起……一一一
加工區之頌……一一五
又見豐收……一一九
走過七千三百里路……一二三

絲路之旅……一二五
八萬雙神聖的手……一三〇
我的勳章……一三三
經濟的皇冠……一三五
近悅遠來……一三八
慶功宴……一四一
我與加工區……一四五
豐年祭……一四七
走過四分之一世紀……一四九
回眸加工區……一五二
懷念加工區……一五四
加工出口區立年之頌……一五五

感時篇

六佾舞孔誕……一五九

木鐸聲揚慶孔誕……一六一
迎龍年……一六三
年夜抒情……一六五
迪化街辦年貨……一六七
浴火鳳凰……一六九
告別一九八九……一七四
功成身退……一七五
致老國代……一七八
燭……一八二
國是會議……一八三
坐監惜別會……一八五
中秋感懷……一八七
訪南人湖……一八九
夜遊溪頭……一九二

煙雨杉林溪……一九四
夜宿武陵……一九八
夜宿阿里山……二〇一
藤枝行腳……二〇三
茎濃溪泛舟……二〇五
無限哀思……二〇七
自由的揚棄……二一一
百年如一日……二一四
風雨生信心……二一六
詩樂之橋……二一九
一九八六陳清明垠際之旅……二二一
宇宙警訊……二二三
廟中躲雨……二二五
懷念門前那叢竹……二二七

鳳山舊城巡禮……二三〇
向單騎勇士胡榮華致敬……二三三
美之頌……二三六
頌 華僑精神號……二三八
寫在高雄市第八屆影展……二四〇
年夜飯的省思……二四二
祭三閭大夫……二四五
詩人的圖騰……二四七
屏山文會……二四九
問海……二五一
碑 矗立在心中……二五三
附年表

序　心弦詩集

蕭颯

詩！什麼是詩？似乎很少有人下過確切的定義；好像也很不容易下一個正確的定義。打自虞書開始，及對詩做過簡單的解釋，說是「詩言志，歌永言」；後來詩大序加以引申，說：「詩者，志之所之也。在心爲志，發言爲詩。」周禮春官則名定詩有六義：曰風、曰雅、曰頌；曰賦、曰比、曰興。根據這些理論，更有人歸納成詩有「三訓」，就是志也、持也、承也！

上面這些解釋，有的是說明體類，有的是詮釋詩的作法，而又偏重於創作的目的和方向，似乎也談不上是爲詩定義。尤其是這些理論，全都是針對我國最古老的詩集「詩經」所言。如果用以來詮解現代的新詩，不特不合時宜，也會使人感到啼笑皆非。從民國初年倡導白話詩以來，由於解脫了韻律的束縛，就像脫了轠的馬一樣，使詩有了更開曠、更自由、更奔放的空間，一時風起雲湧，競相從事白話詩的創作。一轉眼將近一個世紀了，從新月派到目的現代詩，詩壇不特流派紛紜，而且也綻放出了多采的風貌。但無可否認的，正由於詩壇流派的紛繁，也形成了創作方向的紊亂，時而抒情，時而寫實；時而晦澀，時而明朗，使初學者無所適從。縱然坊間各種詩論汗牛充棟，但能夠提綱挈領用很淺顯短簡的文字，而指引出新詩創作應具備條件的作品並不多。總是有人強調文字的精鍊、有人強調意境的經營、有人重視境界的提昇、有人著眼轉化的結果等等。其實一首好詩，這些條件必兼具並蓄。因之，我們也許可以這麼結論：「詩，乃是用最精鍊的文字，透過藝術的轉化效果，而能意在言外地表達作者意象與乎提昇讀者思想境界的作品。」

我承認這只是一個外行人對新詩所下的「定義」，但個人評斷一首詩的良窳以及在寫一首詩的時候，無不以我這個自訂的標準作爲創作的圭臬。縱或是眼高手低使想像與表現產生鉅大的落差，但我總是朝著這個指標自許、自期。

李玉先生把他的詩集送來囑我作序，已將擱了好幾個月了，說完全沒有時間拜讀那是騙人的，因是我然偶爾也會寫寫詩，但畢竟只能算是門外漢，未能登堂入室，窺透「詩國」的富麗堂皇，所以不敢貿然下筆，留給人班門弄斧的恥笑！好在李玉和我除了有多年文友的交情外，還要加上一份同鄉的感情，就算是說錯了話，想他也不會計較。

據我所知，李玉是有多方面才華的。他寫小說、寫散文、寫相聲、也寫詩；而對攝影也有很深入的研究。我曾擔任過楠梓加工區管理處多年的徵文評審，每年李玉都會得到多項的獎牌。還有國軍文藝金像獎、青溪金環獎等等，他也總是榜上有名。尤其他還得過多次的攝影獎，一幀幀藝術圖片，再加上一首優美的小詩，真可算得上是相得益彰。

李玉的詩集共收集了百餘首詩。內容以記錄和寫實的部份佔絕大多數。這類詩大多是隨感發，優點是可以抓住瞬間的靈感，留下自己的腳印；缺點卻是難得細琢深思，予人深刻的感受，像「君山茶」、「五月愛河」、「紅毛港—送你一程」、「垂釣愛河」、「夜訪三仙台」、「夜宿武陵」

等，都屬這類的作品；另一類卻感懷與抒情的作品，像「心弦四帖」、「四季繫旅」、「四季組曲」等屬之。這類作品往往是有感而發，情真意摯，頗能博得讀者的共鳴。如「心弦四帖」中的「瞥」，寫的小巧可愛，足令讀者動容：

瞥

偶然一瞥
柳葉掩映雨泓
盈盈秋波
春風拂過池塘
掀起層層漣漪
圈成雨漩酒窩
滿盛醺醁 讓人
未飲先醉

這首小詩的意象經營得很好，沒有直接描美人的形象，但一張美人的臉卻鮮活地呈現在你的面前，使讀者與作者同醉、同醺。另外「四季繫旅」也有異曲同工之妙：

用歸巢燕尾
繫住心旅
莫讓它—
隨著風飛舞
隨著潮蕩漾
用柳絲新綠
繫住心旅
莫讓它—
隨蜻蜓點水
隨荷花溢香

「四季組曲」中的「秋」，意象雖然不美，但卻形容的很真切，也頗有博人一粲的功效：

一批無聊的檳榔族
恣意地噴吐
把西山搞得遍地楓紅

前面我曾提到詩的轉化作用，所謂「轉化」，其實就是「六義」中所說的「比」與「興」。詩的表達，應盡可能地避免直接鋪敘的手法。李玉的詩，可能是受過去「戰鬥文藝」的影響，很多句子仍爲擺脫「賦敘」的束縛，喜歡用對句和排句，故此，在形式會得呆滯，而意境也難得提昇，這可能是他作品的一傷。

在通俗小說中，作者所塑造的英雄人物，總喜歡誇耀他「十八般武藝件件皆強」，其實，雜學則難精，這是必然的道理。我也曾寫過詩、寫過小說、編過劇、寫過散、雜文和評論文字，有時還寫寫詩、塡塡詞。但是「十八般武藝件件不精」，全憑「一招半式闖江湖」，經不起眞正的陣仗，我們的鄉長—李玉先生，是否也和我犯了同一毛病呢？

蕭颯　一九九五、五、廿六夜

我的詩觀

宇宙是首詩！
凝望滿天星辰向你貶眼，
請毋寄情；
那只是現代詩人所省略的句點。

自序

幾根沒經過書香薰陶，沒經過墨汁浸泡的粗弦，長年緊綳在愚魯的心靈上，再以一雙笨拙的手，又是初次調音，你豈忍心要求它悅耳動聽？但彈奏的人，一向徘徊在荷花池畔聽蛙鼓，數蜻蜓，在榕蔭品茗看書打盹，有時爬上山巔，看白雲追逐逍遙，去海濱看滔滔白浪，浮沈漁舟，旁若無人地挑動心弦，自我陶醉，如聞天籟。

我讀的書，實在少的可憐，但偏偏愛上有學問的事，自己也知道這無異是緣木求魚，但從來不奢望能成什麼名什麼家，只是在逼近晚年時猛然地一番自我覺醒，爲未來的暮年安排一條出路，讓它活活潑潑地奔流，別讓它變成一潭寂靜缺氧的死水，那將是灰濛濛而可怕難度的人生晚景。

因而這些年來，一直在瞎子摸象似的在寫小說、詩歌、散文、民俗相聲每樣去摸它一下，心血來潮時，又揹著相機，上山下海，胡拍一通，時而瞎貓碰到死耗子，僥倖地獲得個小獎，竟然欣喜若狂，不但自以爲摸到了整隻大象，還以爲摸到了浩瀚無邊的宇宙，這大概是老天真吧！

結集出書，對寫作的人來說是件喜悅大事，「心弦調音」詩集集詩百首，詩作雖不能登大雅之堂，有的雖時過境遷但總是當時的感動，癩痢頭的兒子，總是自己的，何況還是第一個呢！你說是嗎？

在此得感謝主編加工區「區刊」達二十年的亦師亦友汪組長德駿先生，以及「景平月刊」主編薛鴻鈞先生，還有「大海洋詩雜誌」的社長朱學恕教授，感謝三位對我的稿件一直的愛護支持與忍耐，而養成了我不知天高地厚的習性，請別誤會那是自負與驕傲啊！

謝謝政兒爲詩集精心打字編排暨兒女媳婦老伴的支持與鼓勵。

感謝好友名詩人藍善仁兄爲我選稿斧正及編排高見。

感謝高雄市書法學會理事長劉百鈞先生，賜墨寶題名增色。

感謝鄉長，高雄市文藝協會創會理事長蕭颯先生，百忙中爲我寫了一篇三千字的長序，也是篇詩論，奉稿之後，拜讀再三，感激不吝指正，如撥雲見日，但願在未來寫作的歲月裏，對所教所示，能領略參悟一二，期待未來心弦的聲音，不致令人掩耳。

李玉 于懷沖齋 一九九六 重陽節

抒情篇

返鄉組曲

歸鄉路

台灣海峽好寬啊
747竟飛了四十六年
粵漢鐵路好長啊
讓火車飛馳了四十六年
思鄉夢好久啊
一夢就是四十六個年頭
夢醒睡在姆媽的彫花床上
枕上似乎還聞到姆媽留下的髮香

故鄉

故鄉

我夢中的故鄉
我日夜思念的故鄉
情景走了樣
也尋不著童年玩伴
那怕物換星移
那怕天老地荒
它永遠是我的故鄉
四十六年歲月滄桑
沒把疏離拉寬
卻將一脈親情
燉的更濃
熬的更香
茶山悠悠
半山流長

夜思

今夜窗未關
期望姆媽踏著月色來相會
今夜燈未熄
祈望看著父親入夢來
徹夜在苦待
徹夜在飲泣
只有牆角的蟋蟀
哀叫陪我到天明

掃墓

我肅立父母的墳前
號淘著
爲兒回來了您看見嗎

爲兒在喊您聽見嗎
群山無語
大地寂然
芳草淒淒
墓碑冷冷
陣陣松風
搖落滿山煦煦秋陽
攏我滿懷慈母的溫馨

珍貴的禮物

四嫂送我兩雙布鞋
一雙給老伴
一雙給我
白底黑面

手工精細
一針一線
縫下幾許關愛
一層又一層
疊著不盡的叮嚀
裝滿吉祥的花生
代表無數的祝福
我要珍藏
把鞋收在箱裡
把溫馨藏在心底

訪友

少小離家老大回

賦歸

鄉音未改鬢毛催
兒童相見不相識
笑問客從何處來
今天才體會到賀知章先生淒苦的況味
你是誰呀
原來你就是某某
相擁而泣
在白髮中尋找童年
讓淚雨涮掉往事塵封
一聲長長的嘆息
又翻開四十六年前的記憶

故鄉啊
又要別離了
依依不捨
數度回眸駐足
夢中的故鄉已成新夢
親人已成陌生
要多看幾眼
牢記親人的每張臉
牢記故鄉的一草一樹
別了別了
丟下舊愁
背上新愁

心弦四帖

戀

成堆的想思
用她一往情深
一束一束綰著
一把一把綣著
藏在心房深處的一角
那怕
時光流轉
物換星移
讓我細數千遍
讓我重溫萬遍
不厭

不倦

瞥

偶然一瞥
柳葉掩映
兩泓盈盈秋波
春風拂過池塘
掀起層層漣漪
圈成兩漩酒渦
滿盛醺醁
讓人未飲先醉

約

妳說花開時要回來

但等到花開花又謝
妳說楓紅時要回來
但等到楓紅楓又綠
妳說月圓時要回來
但等到月圓月又缺
我望著春花秋月
我守著人去空樓
我等著海枯石爛

邀

今夜
我沏好一壺上等凍頂
邀妳來共品
今夜

窗帘未拉上
邀妳滑著月色來
今夜
把床頭燈擰熄
邀妳早些入我夢

四季組曲

春

人們嘴中哈出陣陣熱氣
透過冰雪的罅隙
催醒了禿枝上的點點新綠

夏

榕蔭下泡一壺凍頂
蒲扇揮動荷香
在蛙鼓蟬唱中打盹

秋

一批無聊的檳榔族

恣意的噴吐
把西山搞得遍地通紅

冬

一臉冷酷無情的肅殺
你可知道
它是孕育百花的母親

四季繫旅

用歸巢燕尾
繫住心旅莫讓它
隨春風飛舞
隨春湧蕩漾

用柳絲新綠
繫住心旅
莫讓它
隨蜻蜓點水
隨荷花溢香

用滿天星月

繫住心旅
莫讓它
隨楓葉飄零
隨枯藤感傷

用遍地冰雪
繫住心旅
莫讓它
隨酷寒冷酷
隨北風凋零

讓它回歸自然
徹悟　恬淡　沈靜
浩渺　空靈　見性

君山茶

國基兄探親歸來
送我一小廳嚮往已久的君山茶
未曾打開
就看到
八百里浩瀚洞庭
終年濁浪排空
雲蒸霞蔚
雨滋露潤的產地君山島
雖然只是輕輕的一百公克
感受卻是沉沉的
因爲摻雜太多的故鄉消息
我急著一品爲快

但茶葉浮懸不已
可能是裹住太厚的鄉愁
也許因爲是澄清湖的水
或許因爲不是宜興壺
我閉上眼睛
幾許感傷無奈
且把四十年的相思
四十年的淚汁
一起斟入杯中
入喉感到陣陣苦澀

愛河凝眸

啊　愛河
港都景觀的代表
自東北角迤邐港口
雖無黃河來的天上水
但卻帶繫港都凝眸
見證著
荷蘭人鎩羽離去
鄭成功揚威海域
清廷築城修壘
唐山人怒海孤舟
披荊斬棘
篳路藍縷

漂泊多少思鄉夢
淌乾多少妻兒淚
愛河泱泱
歲月悠悠
流走竹筏漁唱
流走皚皚鹽丘
流走殖民悲傷
流走日寇情仇
一河五十年汗水瀲灩
一河五十年刻骨血淚
映著
一河高樓倒影
一河霓虹閃灼
一河工商繁榮

一河昇平康樂
日日潺潺
爲訴說港都驚人的成就
夜夜澎湃
爲港都的傲岸不凡而謳歌

木棉　高雄市花

花之王者　牡丹
尚須綠葉陪襯
木棉花卻赤裸裸
不假裝飾
迎向藍天白雲
寄情於喧囂都市
以真以善爲美詮釋
不若蠟梅不爲凜冽嚴寒
卻趁著幾分料峭
把豔麗抹在春天港都
一樹花團錦簇
使勁地向春揮舞

粗獷的花姿
象徵著港都的模質
它是位紈褲公子
恣意地把春天揮霍無度
它是首詩
讚美著港都
它是首歌
謳頌著港都
它是幅畫
繪著絢爛的港都
它是團火
燃燒著春之港都
它是甕酒
令港都人微醺而神馳

港都的一天

當第一抹朝暉
描在萬壽山之巔
當愛河的串串漣漪
蕩盡你一日的疲憊
西灣伸著長長的懶腰
稀疏的浪花揉開惺忪的睡眼
港都醒了
港都人醒了
隨手抓著時光的裙擺
推開港都的晨櫺
車如流水
船如遊龍

力在奔騰
腦在激盪
一天的辛勞
鋪就一海金黃
一天的汗雨
落日為港都打下一個驕傲的句點
在靄幕中炫耀

紅毛港　送你一程

紅毛港
聞你即將啓程走入歷史
但並不是象徵消逝
只是開始寫下一頁永恆的回憶
記載你爲建設大港都而犧牲付出
可以理解
安土重遷的無奈心情
難以割捨的祖宗基業
鄉土數不盡的胼手胝足
何忍遽爾離棄

走吧
南星繁榮的遠景在招手
瀟灑地走吧
南星的光輝將榮耀你的歷史
看海濤永遠爲你獻上潔白的浪花
聽貨櫃鉅輪日夜爲你聲聲祝福

慈母心

昨夜
洞庭水漲
因爲遊子流下太多的熱淚
四十年　相思　渴盼
在萋萋芳草中
一坯已拱黃土
料峭春寒
仍透著慈祥的餘溫
悲歡歲月
滔滔恩情
串串往事
何處重拾

凝望朵朵暮雲
展著姆媽藹藹的寧馨
唧唧蟲鳴
代替千萬次叮嚀
成堆碎夢
拼不出姆媽的慈容
「樹欲靜而風不止
子欲養而親不在」
從此瀟湘雨歇
因爲我淚已灑盡

送秋

甜得發膩的棗泥月餅剛吃完
唇上沾的芝麻未掉
嘴中的凍頂烏龍茶沒下喉
你就要走了
北國的鴻雁
一路唱著驪歌
不畏風霜
千里迢迢趕來話別
漂了一季的蘆花
揮舞如雪的紗巾
跳著霓裳羽衣舞送行
滿懷惆悵

漫步山徑
凝望樹梢飛逝的白雲
傾聽妳颯颯揮別的跫音
看著飄逸的裙擺
掃下一片血紅的楓葉
心悸地拾起
以爲是相思萬縷
卻是數不清的愁緒

夜訪三仙台

三仙啊
請恕攝影家的執著瘋狂
迢迢勞頓
深夜冒昧造訪
妳雖已拉下厚厚的窗帘
但仍見妳的床頭亮著一海漁燈
妳可能在夢囈
不然徹夜盡是浪語濤言
與歲月談心
想念已逝的寧靜
在怨恨愚蠢的凡人
用一橋庸俗

污染了亙古的仙座天然
抱歉
我也罪惡地隨俗登臨
無非是想找一份空靈
而放眼只是一片茫然
原來 仙去
台空
但不必遺憾
且讓銳利的快門
將短暫的黎明靜景
雕刻成一幅恬靜的永恆

浮雲

虛幻仙
苦行僧
飄飄蕩蕩
悠悠閒閒
彳亍踽踽
替詩人找靈感
替情人寄相思
替藍天作陪襯
替遊子傳鄉愁
何不偷得平生半日閒
搗住天下愁苦
暫時駐足人間

效李白詩仙

邀古松蒼柏清風明月
暢飲斗酒
酣然於無垠素箋
一揮而就詩百篇
醺醺然
高唱登幽州臺歌大江東去
感天高地迴宇宙無窮
敞胸坦腹
曲肱而枕
管它
白髮三千丈
青山從此不白頭
物換星移幾度秋

神木頌

偉哉神木
雄踞阿里山之陽
參天巨幹
蒼勁陽剛
睥睨天下
傲視八方
深根盤住三千年歲月
枝椏撐住亙古滄桑
經歷漢唐盛世
親睹民族成長
無一不是歷史
無一不是輝煌

三千年犧牲奉獻
從不自誇張狂
不求自己益處
只爲依戀鄉土芬芳
珍惜這份繁榮幸福
守著這份和諧安詳

蓮池潭之晨

車水不流
馬龍不吟
屏山無語
潭水不興
我躡足憑欄
深恐踩亂蓮池的脈動
我屏息遠眺
不敢打擾輕霧潑墨的雅興
些許微瀾
翻亂蓮池亭影
幾絲漣漪
圍著一閣古老幽靜

晨曦陪著亭影私語
長橋背著滄桑嘆息
啊 好美的蓮池潭之晨
只聽到歲月過橋的跫音
我忍不住輕按快門
將它化為永恆

迎春

躲在翠綠荷塘
涼爽一季夏
撫著飄零落葉
傷感一季秋
面頰沾浥秋雨淚
不忍地褪掉最後一片楓紅
披一襲薄紗晨縷
懶懶慵慵
倚偎在嚴冬的臂彎
讓凜冽溯風洗禮
讓輕柔雪花覆蓋
一場春夢

無限溫存
在整夜的鞭炮聲中驚醒
於是抖落滿身雪霜
乘著暖暖春風
來到人們的臉上
人人心花怒放
欣喜今年
國運昌隆
物阜民康

打坐

趺坐蒲團
兩眼半開
叫人不要看清大千世界
把心猿關住
把意馬拴住
把滿懷紅塵抖去
把煩憂愁苦丟棄
靜靜地
靜靜地
讓磬聲撐開徹悟的心湖
悄悄地倘佯
思慮的槳啊

請輕起輕落
不要划碎了湖中那片短暫空靈

附記：八十一年元月十八、十九兩日、高雄市教育局、新聞處邀請文藝作家四十餘人，參加「佛光山文藝淨化心靈大會師」活動中教人打坐有感。

良夜星光

記七十六年高南屏地區作家
假澄清湖畔傳習齋新春聯歡會

終年手扶筆犁
汗滴化成墨汁
一行又一行
一格又一格
好不容易犁過一季秋
披一身冬寒
擁抱滿懷熱忱
咸集傳習齋
高擎文藝大纛
在道德物質消長中

匡正社會風氣
人人富而好禮
提高生活品質
在偏激逆流中
主導時代潮流
扭轉離析意識
爲主義作見證
爲文化道統傳承
諏議讜辭
慷慨激昂
如良夜星光
在傳習齋閃爍
在澄清湖蕩漾
午夜蒼茫

幾聲孤雁淒啼
喚醒遊子故鄉夢
盈一湖枕畔熱淚
融化十億冰封心田
滋潤枯萎海棠

白髮吟

寫於崗山教會首次「松年團契」

天父啊
我們感謝你良多良多
經過漫長的歲月
在崎嶇坎坷的路上
有你在扶持不致跌跤
在失意絕望的時候
你在鼓勵不要憂不用愁
心在悲傷痛苦時
你爲我們擦乾眼淚
滄桑的人生旅途上
你安慰的杖

你慈愛的手
如影隨身
不離左右
駐足回首
青春已在夢中遠飄
眼已花齒已搖
黑髮已成白頭
兒女遠離
世人厭惡
啊　天父　唯有你
不嫌我們老
不嫌我們醜
我們虧欠你太多太多
僅有一頭風霜

彰顯你的榮耀
用沙啞蒼老的歌聲
頌揚你的榮耀
用滿額皺紋
記載你的榮耀
我們牽著粗繭的老手
重溫童年天真的生活
讓菜肴香甜在嘴裡
讓天父的愛溫暖在心頭

望海

我佇立海邊
一陣海風掠過
把滿額皺紋吹落海面
把一頭銀髮吹成浪花一片
它灑脫地哼著輕歌
踢踏曼舞而來
爲青春擊岸
爲理想迸裂
爲生命奉獻
爲人生轟然
我輕按快門
滿懷興奮

因爲已捕捉到
朝陽爲生命寫下一海讚美的詩篇

浪

遠自天際
後浪推著前浪
前浪擁著後浪
追趕跑跳
喃喃喋喋
只爲爭向寂寞峭巖
飛濺一吻
再獻上一束潔白浪花

長城

啊
長城
萬里長城
海棠的葉脈
龍的脊樑
中華的華表
人類的偉構
啊　多少
兵馬踩過
烽火烤過
狼煙薰過
血風吹過

矢雨撒過
青春埋葬過
殺聲震撼過
慈母哭過
嬌妻怨過
兒女恨過
時空穿過
歷史寫過
觀光客讚嘆過
阿母司壯在月球看到過
啊　長城
萬里長城
久矣
長矣

高矣
厚矣
牢矣
固矣
擋住歲月悠悠
擋住大漠飛沙
擋住千軍萬馬
卻擋不住
陳圓圓的細聲嬌嗔

晨

啓明星滑落地平線
跫音伴和五更雞啼
熱氣騰騰的早點攤
油條伸著懶腰跳狄司可
豆漿不停地滾滾浪花
外丹功指掌顫抖
太極拳手肘推拉
土風舞臂擺扭
晨跑踏碎黑夜
一抹曙光
映著小草狂歡的淚珠
迎接一天的美好

楓

當菊黃蟹肥
邀秋風終宵酣飲
醉得遍野酡紅
步履蹣跚而飄舞
何不將殘鍾遞與冬風
也讓它些許微醺
或許不致那樣冷凜無情
一年容易
來時切勿忘懷去北國楓林
替我尋找那失落的幾行詩
即使殘缺不全
也是我的秋思

鄉土情懷　挑水

趁著曙色
趕著餘暉
踩著祖先坎坷的腳印
踏在風雨滄桑的鄉土
兩隻水桶
盛滿堯舜禹湯
盛滿黃河長江
一根扁擔
在肩頭壓成五千年厚繭
把民族特性磨得既韌且堅
刻苦耐勞
勤勉節儉

時光流轉
挑水依然
緬懷先賢
創業維艱
源有頭樹有根
飲水者
請思源

「八八」頌

啊　父親
您是一頭牛
終年耕耕耘耘
爲一家溫飽不計艱辛
您是一隻駱駝
經高山走沙漠
把兒女從襁褓馱到長成
您是棵大樹
自己頂著風雨烈日
讓兒女躲在溫馨的樹蔭
您是一首歌
有高吭有低沈

兒女唱它一世也不倦
您是一篇好散文
有豐富的人生
朱自清才寫出膾炙人口的「背影」
您把痛苦留給自己
您將歡樂分給兒女
啊　母親因您驕傲
兒女以您爲榮
且讓天下兒女們同聲謳歌
我們偉大的父親

海女

她終年栽種浪花
只爲送給她的最愛
她那雙溫柔的浪花玉手
只爲撫摸她的最愛
她那浩瀚隆起的胸脯
只爲滿足她的最愛
她那震天價響的嘯聲
只爲讚美她的最愛
他整夜滿嘴濤情浪語
只爲迷惑她的最愛
她雙眸盈盈湛藍
只爲眷顧她的最愛

她變化無常的情趣
只爲迎合她的最愛

春酒

春之神以
夏之荷
秋之菊
冬之梅
北國霜雪
春江暖水
釀就一甕春酒
年夜一串鞭炮
炸開甕口封泥
春風吹送酒香
醉得桃紅
醉得李白

醉得蝴蝶漫天狂舞
醉得燕子呢喃不休
醉得大地遍野新綠
人們心花怒放
未飲先醉

寫於七十六年春節

世界詩人之都

啊　港都
「世界詩人之都」
不是夢
是划時代的鉅著　港都組曲
贏得世界詩人一致的推舉
是港都文人們夢寐的期許
正如多年跋涉沙漠的駝隊
終於走到傲人而沁心的綠洲
看　從此
文風吹沸工業城
詩香陶醉港之都
西灣捲起千堆詩浪

愛河吹皺詩詩漣漪
港都人啊
謳歌吧
從此港都夜空星星特別多
只因世界繆斯的凝眸
未到中秋月先明
只因世界繆斯共此時
熱忱的心
友善的手
豐盛的詩宴
詩人的盛情
燃起港都萬家溫馨的詩燈

——後記

第十五屆世界詩人大會，於一九九四年八月廿八日於台北召開，計有四十九個國家地區詩人與會，盛況空前，在會議中一致推舉高雄市為世界詩人之都。詩人們並於九月二日訪問港都，市長吳敦義親自接待，並為世界詩人詩畫在大統展出剪綵揭幕。該晚並在皇統大飯店設宴款待，筆者有幸，恭逢其盛以為記。

五月愛河

五月的愛河
是屬龍舟的
強有勁的槳
攪成一河雄黃美酒
把選手醉成一身古銅
觀眾醉的如痴如狂

五月的愛河
是屬詩人的
五車學富
吟成一河珠璣
激起詩花飛濺

昇華白雲片片

五月的愛河
是屬屈原的
龍舟爲他飛騰
人潮爲他鼎沸
雖不聞離騷九歌
無不感念詩聖崇高亙古

燈浪濺夢

昨夜
我趁著光毯
飄浮渺渺燈海
如遨遊銀河太虛
靜悄無風
卻捲起燈浪千堆
濺我一身夢
微冷驚醒
及時拍攝
可惜夢碎成浪
只剩下黎明囈語

軛

——寫給八八節——

當您身爲人父的那天起
您就與耕牛一樣
背起人生的軛
不停地向前行
在後面叱趕的
不是農夫的鞭
而是父親的責任
早起開門七件事
每天把軛拴得緊緊
寒來寒往　心甘情願
歲歲年年　無悔無怨

青春在兒女成長中衰老
年華在兒女笑靨中飛逝
白髮映著西天的彩霞
滿臉的皺紋
在兒女心田中
綴成一句辛酸
父親啊——真偉大

托鉢

竹笠芒鞋
踏過千山萬水
只爲播散慈悲
磨頂放踵
忍受飢寒風雨
只爲普渡眾生
禪杖撐住欲墜大千世界
佛號喚醒迷霧萬丈紅塵
一鉢一善行
一盂一福田
把功德福祿托在鉢內
把慈悲爲懷留在人間

托住社會安和樂利
托住人間廣結善緣

元旦升旗

冷冷的廣場
澎湃著熱烈的人潮
豔麗的國旗
凝聚著億萬人心歸向
雄壯的歌聲
在振奮的氣氛中激盪
火紅的旗海
在祥和中掀起巨浪
我們噙著感恩的淚光
注視著中華的最愛
抱著我們的信心期許
擁著我們的祝福希望

冉冉上升
用第一秣燦爛的朝陽
寫下八十一年的輝煌

彩霞

李白醉眼惺忪
撕碎一疊詩稿
隨手拋出窗外
化作群群彩蝶
漫天飛舞
絢爛豔麗
陪著落日
襯著斜月
是詩是畫也是夢

旅者

挑兩筐離愁
揹一袋滄桑歲月
芒鞋
放踵
坎坷
崎嶇
無盡天涯路
爲尋找那份失落的恬淡
是否已隨風雨飄逝

曇花

曇花
窮四季之孕育
只爲短暫的怒放
只爲散發那股誘人的清香
只爲酬庸徹夜守候的知音
雖是煙火似的一現
卻那麼豔麗而孤高
從盛開到凋謝
從絢爛到灰暗
從開演到落幕
有如潮的掌聲
有騷人的讚嘆

如聽一首醉人的小夜曲
沒有悲戚
沒有哀傷
開也灑脫
謝也灑脫

六十歲祈禱詞

慈愛的父神
滿懷感謝你
在顛沛流離中
始終扶持我
在苦難窮途時
從不離棄我
如今
甲子虛度
四十年踽踽
驀然回首
凝眸一片雪泥
鴻雁似未曾落腳

空白一片
無跡無蹤
沙塵煙雲瀰漫
沒有成功的顯要
卻有滿足的喜樂
沒有破長空的光輝
卻有流螢飛舞阡陌
沒有揚起飛濺的浪花
卻有平凡潺潺的溪流
六十年陽春幽谷
靜靜的
默默的
暖暖的
淡淡的

如一杯溫開水在握
但我感同甘露
福杯滿溢
我心已足
因爲你還告訴我
「凡事不要爲明天擔憂」阿們

珍珠婚慶

民國四十三年六月十八日

我倆
手牽手
心連心
背負一個家
邁開沈重的腳步
在油鹽柴米愁煩中
在兒女哭鬧嘻笑中
度過三十年漫長歲月
偶一駐足

細數每一隻腳印
回味每一件往事
幾許辛酸坎坷
幾許歡樂溫馨
愁苦甜蜜
歷歷如昨
兒女卻已成長
黑髮染成銀白
滿頭沾滿風霜
爲兒爲女
付出所有
勞心勞心
無怨無尤
叮叮嚀嚀盡是愛

嘮嘮叨叨總是情

踏上紅毯
人生的繩
家庭的索
把我倆捆在一起
前生的緣
今世的愛
把我倆捏成一團
「妳泥中有我
我泥中有妳」
管它海枯石爛
直到天老地荒
但願

金婚之期
偕兒攜孫
暢遊洞庭湖
登上岳陽樓
品啜君山茶
飽覽
萬頃碧波
風帆片片
落霞孤鶩
秋水長天
再訂三生緣
願否

最難風雨故人來

參加高雄煉油總廠八十一年全國
文化界環保之旅有感

儘管歐瑪颱風拔樹倒屋
但吹不散文友如膠情誼
儘管豪雨決堤成災
但沖不淡文人沈重的責任
儘管風雨飄搖
屏山永遠屹立
儘管烏雲密佈
文光仍射斗牛
如誨風雨
濟濟一堂

讜論如洪
滔滔不絕　女媧補天（臭氧層）
大地重生
以真以善以美
把文學經濟環保融爲一體
以誠以敬以愛
創造詩情畫意的生活空間
最難風雨故人來
風雨已爲我們寫下不搖的信念
盡情地
歌吧　唱吧
吟吧　書吧
畫吧　寫吧
讓琴聲歌聲笑聲

洋溢在風雨的環保旅途
讓酒香菜香書香
溢滿彼此久慕的心田
歡愉的環保之旅
珍重再見

多放幾把椅子

在人間
放一把椅子
讓悲歡坐坐
讓雲煙坐坐
讓路過的空空坐坐

在官場
放一把椅子
讓名利坐坐
讓權術坐坐
讓路過的浮沈坐坐

在歷史中
放一把椅子
讓功過坐坐
讓成敗坐坐
讓路過的司馬遷坐坐

在花蕊中
放一把椅子
讓蝴蝶坐坐
讓蜜蜂坐坐
讓路過的春風坐坐

在蒼松下
放一把椅子

讓明月坐坐
讓孤影坐坐
讓酒醉的李白坐坐

在海磯上
放一把椅子
讓浪花坐坐
讓海鷗坐坐
讓路過的浩瀚坐坐

在港都文藝學會
多放幾把椅子
讓繆斯來坐坐
讓文思來坐坐

也請路過的靈感常來坐坐
在人間　悲歡是椅子
在官場　名利是椅子
在歷史　功過是椅子
花蕊上　蝴蝶是椅子
蒼松下　明月是椅子
海磯上　浪花是椅子
港都文藝　繆斯是椅子

人間　編寫悲歡
官場　爭奪名利
歷史　記錄功過
花蕊　釀造春風
海磯　栽種浪花

港都文藝　培植作家

——後記：拜讀名詩人鍾順文先生大作——「在空林放一把椅子」之號後，心中萌生一股禪味，但有感何其吝嗇，何不「多放幾把椅子」，固有此效顰之作，見笑了！

84.7.18 燈下於懷沖齋

熱血依然沸騰

——為紀念青年軍從軍 50 週年而寫

八十五年六月三日
台北國軍英雄館
正如五十年前的重慶陪都
青年軍的戰友們
著一身遍地血腥
揹一袋漫天烽火
八方聚會
緊握無情歲月
擁抱淒苦滄桑
在臉上的老人斑中讀記憶
在如霜的華髮下尋以往

啊　當年　當年
當年我們是民族的救援投手
當年我們是國家的消防隊員
以戰場作課堂
以槍桿代筆桿
以身家換國家
以生命爲抗戰下賭注
天降大任　絕不退縮
救亡圖存　捨我其誰
啊　五十年
只不過半個世紀
儘管世事多變
但熱血依然沸騰
戰友們

舉杯吧
且讓我們同飲一寸苦難山河
同飲一寸沸騰熱血
還有一杯我們畢生的傲然

85.6.3 夜
於台北外雙溪慈光堂

加工區篇

EVERGREEN
EVER GUEST

加工區之晨

雄偉高聳的大王椰子
不用踮腳
一眼就看到東方的晨曦
柔嫩的韓國草
淌著歡欣過度的淚珠
向晨霧道謝
一群麻雀
哼著荒腔走板的晨光曲
劃破寂靜的長空
揭開半屏山的面紗

勇士們

爲昨天的榮耀
爲今天的希望
爲明天的理想
冒著朝霧
踏上朝陽敷成的金色地毯
如洪流
如湧潮
從啓開的閘門
奔向嶄新的一天

加工區之夜

勇士們
用一天的辛勞汗水
將漫天的彩霞抹掉
隨手把夜幕緩緩拉下
刹時大地攏上一層迷霧
一彎新月
拖著沈重的腳步
懶洋洋的踱向西邊
多情的星眸
在朦朧中閃爍
分外迷人
寬敞平滑的中央路

路燈道樹倒影
如愛河夜景
只是聞不到海水的鹽腥
大地都在休止
但勇士們
爲充滿
希望的明天
在養精
在蓄銳

讚——加工出口區

加工出口區
十六年前
你在
海水漫淹
雜草叢生的僻壤
揭櫫四大目標
吸引工業投資
拓展對外貿易
增加就業機會
導入最新技術
在沙洲中誕生
在經濟風暴中挺立

在能源危機中長成

如今
廠商三百家
員工八萬名
十六年上班下班
五千八百四十個晨曦黃昏
以廠爲家
合作無間
胼手胝足
默默耕耘
「含淚撒種

歡呼收割」

如今
你的聲譽
遐爾聞名
是發展經濟的酵素
是開拓市場的尖兵
產品行銷五大洲
遍及一百二十餘國
穿透中原
引燃同胞希望之燈
五十億美金的順差
是我們血汗的業績
先總統　蔣公五度蒞臨

是我們的殊榮
自豪不自滿
因爲有遠大的方針
生產技術　要求日新又新
生產成品　要求精益求精
價廉物美　強化競爭
傲視環球市場
唯N.E.P.Z獨尊

汪主編的期盼

——寫在74年區刊聯誼會

企盼久矣的會期選在
豔陽藍天的鳳凰花
織成如醉如痴的夏日
微風在樹梢搖旗
蟬嘶爲會期吶喊
白雲也讓出故鄉
任您馳騁翺翔
回頭欣賞辛勤耕耘的園地
如今一片繁花怒放
興奮洋溢臉龐
熱情充滿會場

歡樂時光總嫌短
臨別園主殷勤叮嚀
多抓幾把和諧的種子
撒在區刊上
將這彎溝通的溪流
導注八萬員工的心房

思想起

思想起—
當年背著簡單的行囊
懷著摯情豪壯
踏入高雄加工出口區
萬里長城似的圍牆
墻內一片荒涼
滿目沙坵爬藤
還有疏落的木麻黃
墻內人人充滿朝氣希望
雨後春筍似的廠房
不眠不休趕工燈火輝煌
蛙鼓嘓嘓

打樁聲悠揚
譜出一首
自由中國經濟起飛大樂章

思想起——
那烈日
那曙光
那晚霞
那月亮
將我的身影
印在加工區的每寸土地上
在白天

在晚上
不管風暴
不為風狂
為區內治安
從出入口到工廠小巷
數不清的巡邏與守望

思想起——
十九年的時光
一群年輕的伙伴
如今視茫茫
如今髮蒼蒼
而加工區——
在沙洲中成長

在風浪中茁壯
現在已成國家經濟棟樑
能不引以爲傲
因爲有您我流下無數的汗水
因爲有您我生命中年輕一段

加工區之頌

雄偉挺拔的椰林
似歐洲中古時的的武士
身披盔甲手執戈矛
永遠忠誠地守護著加工區的中樞
在一片火紅的鳳凰花季
不畏燠熱炎陽
每天未待啓明星闔眼
便把西天的殘月抹去
順手拉開東方的曙幕
再裝一簍新鮮的金色陽光
撒滿——
楠梓的加昌路

高雄的大華路
台中的建國路
上班的人潮車流
似澎澎怒潮
一波又一波
湧向諾曼地灘頭登陸
爲今天的理想
爲明天的希望
爲昨天的榮譽
堅守崗位
全力付出
短視者在胡言亂語

說什麽—
加工區工業已成夕陽
加工區型態已成落日
事在人爲
全靠自己
憑我們八萬雙神聖雙手
勞資緊握在一起—
已將落日掛回東方
已將灰黯的夕陽擦成旭日
十九年的汗水
造就八萬個工作機會
吸進四億投資
產品拓銷全球
累積順差六十四億

加工區正欣欣向榮
加工區正加速擴展
我們永不驕傲
我們永不滿足
每天抓緊時間的裙擺
緊追時間的腳步
抖落一身疲乏煙塵
披著煦爛晚霞歸去
要爲明日的加工區再創紀錄

又見豐收

寫於七十五年六月十日區刊聯誼會

春風
剛用柔柔的白雲
把羊蹄甲的胭脂拭淨
鳳凰花
又高撐火傘
忙著替仲夏打扮得大紅大綠
一年一度的區刊聯誼會
在蟬鳴蛙鼓的喝采聲中拉開序幕
爲加工區的精神糧食
細心鼎鼐加油添醋
一年的耕耘

一年的辛勤
長官　貴賓
編者　作者
濟濟一堂
熱情洋溢
一年的汗水
灌漑著文藝園圃
一片欣欣向榮
四處繁花錦簇
盡心盡力的付出
享受豐收的喜悅
珍惜每一秒鐘

瞻仰名家風采
聆聽創作嘉言
溝通意見
交流經驗
爲明年播種鬆土
也爲高雄港都文化
拉上一片小風帆

走過七千三百里路

——為建區二十年而寫

當重履加工區的發祥地
凝望林立工廠
傾聽機聲悠揚
輸送帶如緩緩溪流
勞動的雙手如微波蕩漾
把回憶的風帆
湧向當年的景況
啊——荒涼的沙洲
鹹腥的海風
疏落的木麻黃
九萬雙神聖的手

推著經濟巨輪
已碾碎二十年時光
二十年的智慧
一點一滴
每時每刻
培育加工區的成長
二十年的辛勞
汗水浸潤每件產品
加上祝福裝滿貨櫃遠航
驕傲地暢銷市場
年華已隨生產線溜走
以視茫茫髮蒼蒼

但二十年的心力
創造成功的模式
創造經濟的奇蹟
贏得國際喝采
贏得國人讚賞
由於你我的參與
雖已走過七千三百里路
感到此生並未虛度

絲路之旅

我們的祖先
遠自漢唐
胼手胝足
趕著駝隊
馱滿生絲瓷器
從敦煌出玉門關
經戈壁到疏勒
冬之嚴寒
夏之酷熱
大漠飛沙
天山飄雪
腳印踩成綿邈絲路

淚珠血汗匯成綠洲
沿途白骨
問天無語
偉大的民族英雄
張騫
班超
艱苦卓絕
揚大漢雄風於西域
柔韌的絲路
華夏的臍帶
輸出衣冠文明
萬邦來朝

龍威顯赫
迨至左文襄
平定回亂
經營西北
開闢捷徑
從星星峽繞天山之北
絲路在柳蔭深處
僅供詩人嚮往回味

加工區九萬員工
發揮駱駝絲路精神
以神聖雙手
拉響工業起飛的駝鈴
以信心之梭

牽引二十年智慧光陰
從陸地
從空中
從海洋
縱橫交錯
織成全球外銷網
生產線不捨晝夜
如滔滔長江
貨櫃裝卸
車輛奔馳
飛機騰空
巨輪啓航
滿載——
精良產品

經濟奇蹟
成功模式
龍的驕傲
湧向全球市場
世界地圖找不到的台灣
如今光芒萬丈
福爾摩沙的盛名
在環球響叮噹
傲居全球之冠
創造全民幸福
奠定國家富強
我們自豪
遠勝文景
超越貞觀

八萬雙神聖的手

八萬雙堅毅的手
推著您——加工出口區
經濟起飛的搖籃
以穩定踏實的步伐
一腳一印
篳路藍縷
歷盡艱辛

八萬雙勤勞的手
划著槳使足勁
載著您——加工出口區
度過景氣低迷能源危機和

國際保護主義
無畏巨風猛浪
始終破浪前進

八萬雙經驗的手
引著您—加工出口區
從勞力密集工業加工
到資本技術密集工業升級轉型
作未雨綢繆
不臨渴掘井
以迎接第三次工業革命

八萬雙厚繭的手
緊握在一起
團結一條心
以廠爲家 親愛精誠
以廠爲校 不斷求新
勞資一體 合作無間
安定發展 市場似錦

八萬雙神聖的手
八萬顆赤忱的心
十八年的心血
使加工區成爲一條巍峨經濟長城
累積五十三億順差
繁榮社會 造福人群

我的勳章

——我與加工區

啊——加工區
我曾以飛躍的青春
恣意地擁抱您
我曾以真摯的情懷
熱忱地呼喚您
我曾以苦澀的汗水
在沙洲上寫著我愛您
我曾以一步一腳印
刻畫您的模樣
我曾以二十年的時光
守護您的成長

歲月在額頭鏤下皺紋
皺紋裏塡滿塵土風霜
您成功的驕傲
把黑髮漂成銀光
在人生旅途上
您是最光輝的一段
因爲您是國家經濟的皇冠
也是我的勳章

經濟的皇冠

——為慶祝加工出口區建區二十二週年而作

二十二個年頭
歲歲年年
分分秒秒
九萬顆炙熱的心
在三區燃燒
在雨中沸騰
在風中狂飆
九萬雙穩健的步履
度過風浪
走過艱辛

踩過坎坷
九萬雙神聖的手
不停地揮舞
不停地創造
不停地戰鬥
汗水
擦亮每一件產品
思維
牽引網路外銷
智慧
塑造成功模式
鬢霜

寫就八千卅天榮耀
青春
隨輸送帶溜走
我們已鑲就經濟皇冠
我們已超額達成目標
我們已編織經濟奇蹟
我們已助長經濟飛躍
今天我們——
歡欣而不歡狂
自信而不自傲
自豪而不自滿
明天我們——
要繼往開來
又承先啓後　要迎接挑戰　要攜手奮鬥

近悅遠來

——賀世界加工區年會

中外嘉賓們
當您踏入加工區的大門
會感到如置身花都巴黎
整潔的環境
濃稠的熱忱
您會讚許
經營的模式
創設的理念
開創經濟的奇蹟
我們始終敞開大門
始終有股赤誠

歡迎投資
更歡迎吸取我們的經驗
二十三年的汗水
灑遍全球
因而獲得您的蒞臨
我們艱辛的成果
獲得您的肯定
我們深以為榮
因為成功並非偶然
加工區的產品
包裝著
中國人的智慧
中國人的信心
中國人的友誼

感謝您不遠千里
但願會議成功
但願您不虛此行

慶功宴

——加工區24週年區慶邀宴退休人員有感

十二月三日
寒流中充滿溫暖的陽光
令人舒舒暢暢
好高興啊——
久未晤面的老伙伴
好難得又聚在一起
把酒敘舊
互問近況
乾杯吧
不要憧憬當年胼手胝足
用菜吧

不要記掛當年披荊斬棘
且讓時光隨杯觥流轉
且讓汗水在銀髮中閃爍
雖前人種樹
後人乘涼
但創業維艱
守成更不易
欣見—
成堆金光閃閃的獎杯
馬拉松式的頒獎流程
又樹立起成功的新里程
欣見
同仁同德同心
加工區領導得人

業績欣欣向榮
處長的誠懇垂詢
長官們接待的熱忱
隨紹興進入肺腑
陣陣溫馨湧上心頭
陣陣驕傲感在心頭跳躍
伙伴們
無論你在天涯
無論你在海角
請不要鬆開關懷的手
要以區的憂爲憂
要以區的樂爲樂
讓我們衷心祝福
區運昌隆

一枝獨秀
但願明年今日再聚首

我與加工區

啊——加工區
好懷念的地方
曾爲你的成長
將青春的汗水
灑在欣欣的苗床
滋潤一片安詳
歲月雖已將它烘乾
或許已經遺忘
但在心中永遠光亮

啊——加工區
好嚮往的地方

曾以生命最成熟的時光
織成一匹錦緞
鋪在高雄區的北一路
最後晾在楠梓的中央路上
星移物換
雖已褪成滄桑
但在心中永遠是繽紛的一段

豐年祭

——謹獻給加工區二十四週年慶

啊——
偉大的加工區人
以二十四年的辛勤
在荊棘中闢出一條經濟康莊大道
以二十四年的汗水
培育著國家經濟的根苗
以二十四年的赤忱
高擎著經濟繁榮火炬
熊熊火把
延續著
傳遞著

照亮著十二月三日
莊敬堂洋溢著
亢奮的心情
驕傲與榮耀
如潮的掌聲
虔誠的加工區人
恭謹地
捧著二十三億美元獻禮
自信的加工區人
更堅毅地
以三百座榮耀之杯作保證
閃閃金光
照耀前程
明年更上層樓　永遠求變求新

走過四分之一世紀

啊　加工區
四分之一世紀
您靈巧的雙手
把方寸的基板
鋪成一條長長的赤道
旭日踩著曙光在赤道晨跑
夕陽拎著餘暉循赤道回家

啊　加工區
四分之一世紀
您把成堆的晶體
綴在無垠的湛藍夜空

精心地焊點
焊成七星北斗
點就漫天銀河

啊　加工區
四分之一世紀
您以慈母端坐縫紉機前
眼鏡伴著針線
從不苦恨連年
因爲替地球軋上經緯
給大地繡得五彩繽紛

啊　加工區
四分之一世紀
輸送帶不停地流
如滾滾黃河
流走億萬青春年少
匯成一海繁榮
匯成一片富饒
啊　加工區
四分之一世紀
您踏踏實實的腳步
將每滴汗水揉進緊張的零點一秒
塑就世界加工區圖騰
鑄成二十五個榮耀

回眸—加工區

啊—加工區
六〇年代你是術士
從無到有
如變魔術
把沙洲變成金礦
把荒涼變成鑽石

啊—加工區
七〇年代你是謀士
百事待舉
縝密慎思
達成四大任務

運籌擴大建區

啊—加工區
八〇年代你是勇士
面對能源危機全球不景氣
勇往直前克服險阻
創造經濟奇蹟出口卅九億
蕭條中獨樹繁榮一幟
啊—加工區
九〇年代你是善士
你要兼善天下
從不獨享自私
把成功經驗傳授三十餘國
把痛苦歷程留給自己

懷念加工區

好快啊—六年了
退休好像是在昨天
因爲—加工區的名字
無時不浮現腦海
加工區的歷程
無時不躍然心田
加工區的成就
如一滴驕傲的汗珠
永遠掛在嘴邊
我不時捲舌舐舔
品嚐那份苦中帶甜
回味那段二十年珍貴的人生

加工出口區立年之頌

加工區兮！中華之光。智慧國人，首度開創。
肇因當年，工業荒涼，外滙收入，全賴台糖。
有鑑及此，闢區建廠，前鎮沙洲，於焉發祥。
吸引投資，引進技術，創造就業，拓展外貿。
風起雲湧，全球歸向，保稅外銷，產品精良。
四大目標，超前超量！全國注視，騰譽八方。
五十二萬，貴賓參觀，欣欣向榮，蓬勃氣象。
總統蔣公，五度蒞訪，不到三年，宣告客滿。
楠梓台中，相繼擴張，經營歷程，甘苦倍嚐。
能源危機，波及廠商，工業轉型，廉勞遠颺。
高附價值，經營方向，篩選投資，汰弱留強。
去蕪存菁，結構精壯，每年業績，扶搖直上。

TEPZ，全球名揚，馬首是瞻，惠及友邦。
務實外交，走在前端，卅年風雨，洗鍊堅強。
卅年汗水，寫成輝煌，二六零億，存底之冠。
不驕不傲，自勉自強，亞太營運，美景在望。
轉口倉儲，又囂塵上，莫將旭日，誤爲夕陽。
前人種樹，後人乘涼，繁榮何來，非從天降。
享受之餘，捫心思量，台灣奇蹟，斯乃濫觴。
歲月悠悠，卅年已往，恭逢其盛，廿年風霜。
睽違十載，回首滄桑，創業維艱，繼承莫忘。
光前裕後，再創輝煌，掬誠以頌，區運隆昌。

歲時篇

六佾舞孔誕

啊
王之王
師之師
每年六佾之舞
雖在宇宙的晨曦中舞起
也難舞出聖人的崇高尊榮
牛羊酒醴三牲
香煙繚繞中初獻再獻
也難表示普天萬民的崇敬
鼓瑟齊鳴
如聽您席坐絳帳
教不厭誨不倦的琅琅書聲

編鐘響起
猶聽您佇立高崗
在朗誦「禮運大同篇」
儘管時光流轉二千五百年
「不患貧而患不安　不患寡而患不均」
仍是今日治國的準繩
「己所不欲勿施於人」
仍是今日修身的南針
您智慧的春雨
催化愚昧的心靈
您的思想如啓明星
引領寰宇亙古長新

木鐸聲揚慶孔誕

啊──先師
二千五百多年前
您高踞杏壇
振動木鐸
傳道　授業　解惑
誨人不倦的聲音
穿越時空繚繞到今

啊──夫子
您是天下師之師
仍不恥下問虛懷若谷
三人行必有我師

教育不論貴賤
教育不分階級
愚能頑立千古不易

啊—聖人
您智慧的油脂
燃起萬古大同明燈
您崇高的大同理想
如北極星亮起在黎明
屬於您的廿一世紀
已在馬克斯的灰燼中迅速來臨

迎龍年

長期韜光養晦
歷經風霜磨練
炮聲夾著春雷
大地一陣歡騰
翻身蠕動
祥瑞湧現
象徵中國人尊貴不凡
記載中華神威源遠
翻雲覆雨
勇往直前
但願──
社會安定

揚棄街頭暴力事件
國會和諧
不再有鬥牛場面
經濟繁榮
貿易但求平衡
風調雨順
國運昌隆
六畜興旺
五穀豐登

年夜抒情

當「飛毛腿」與「愛國者」
在波斯灣的夜空
煙火似的炸裂時
當聯軍的飛機
孩童玩鞭炮似的
在伊拉克扔下成串的炸彈時
感到中華民族得天獨厚
感到身處台灣何其有幸
年夜在鞭炮聲中沸騰
徹夜在歡樂中打滾
豐盛的火爐
溫馨的天倫

山珍海味在火爐中跳躍
每個人在溫馨中沈浸
幸福在心頭
繁榮在桌上
但願共舉富裕之杯
喝乾一切貧窮
再斟上一杯四十年的艱辛
但願共舉和諧之杯
飲盡一切紛爭
再斟上一杯四十年的汗淚
讓我們以理性和平的手
擰熄所有的紅燈
當我們飽得嗝聲連連
可不要忘了感恩

迪化街辦年貨

古老的迪化街
支撐著古老的歲月
霓虹閃爍的街道
映著傳統的光輝
洶湧的人潮
擠破年關的深鎖
熙攘的叫賣
攪碎一街濃濃的年味
看——
台灣的經濟奇蹟
在堆積如山的南貨中炫耀
在滿櫃的山珍海味中傲笑

沈浸幸福中的台灣人啊
用成疊的富裕
換得大袋小包的年貨
用熱騰騰的安定和諧
煮成一家團圓歡樂
但願能
心存一份感恩
獻上一份祝福

浴火鳳凰

紀念金門八二三砲戰勝利卅週年

金門
偉大的金門
卅年前的今天
中共企圖封鎖補給
彈洗金門
僅一百四十八方里土地
承受著四十七萬八千九百發砲彈
真是彈如雨砲如林
瞬間寫就一頁永垂不朽的戰史
每個彈坑都是奮鬥犧牲的鐵證
沖天硝煙昇華成憂患意識

隆隆砲聲吶喊著必勝信念
如今纍纍彈坑
已長成茂密森林
已長成高粱玉米
彈痕已成奮起烙印
人人記取「勿忘在莒」明訓
軍民一體
刻苦勉進
經濟飛躍成長
堂堂邁入全球十三名
儘管砲聲早已寂靜
但我自由民主均富的吼聲

無日不在震撼十億同胞的心靈
中共不禁
要學台灣經驗
啊　金門
浴火鳳凰
民主燈塔
幸福屏障
自由長城

告別一九八九

啊——
偉大的八九
風雨的八九
你是暖流
融化了東西的冷戰
你是和平使者
消除專制民主的對峙
你用歷史之鑰
啓開自由的牢房
你是間溫室
培植民主的花朵
你的魔杖輕輕一揮

血淚的柏林圍牆頃刻而倒
你午夜的輕嘆
卻掀起天安門的狂風巨浪
五十餘天餘波盪漾及東歐
共產主義的牌位
骨牌似的連番倒下
東歐如雷的掌聲
爲你的傑作喝采
東歐震天的吶喊
爲自由民主歡呼
你正義的槍
結束屠夫希奧賽古的瘋狂
啊—
輝煌的八九

你即將告別
相信你的公平
將對待所有的屠夫
相信你不會吝嗇
必然留下一把民主的種子
撒在渴望者的土地

功成身退

「動員戡亂時期」終止感懷

幸福的人們啊
請不要太健忘
當你欣賞民主之花時
莫忘培植花朵的土壤
當你吸吮繁榮之果時
莫忘果農栽種的辛酸
當你豪飲富裕之杯時
莫忘源頭那張濾沙網
四十年來
它是面照妖鏡
在人鬼混淆的年代

讓人辨清魑魅魍魎
它是一根堅貞的枴杖
在國家起死回生的時刻
撐著強敵壓境的雨暴風狂
它是顆鎮靜劑
在鶴唳風聲中
不再人心惶惶
它是位摯友　在滅亡的邊緣
力助你走向康莊
它是首時代的戀曲
它是首民族的悲歌
它是善良的珍珠項鍊
它是邪惡的枷鎖
它是善良的金玉手鐲

它是邪惡的桎梏
四十年的隨伴
善良未曾感覺
如今功成身退
且讓「美麗的憧憬」
將它推進兩岸交流的浪潮
留下一份成功的驕傲
讓歷史憑弔

致老國代

老國代啊
辛苦了
謝謝您
當國家在風雨飄搖中
您們大力穩住舵
當中華道統絕續存亡時
您們捧住一盆火
當政府播遷時
您們始終追隨
您們代表——
公理正義
民主憲政

中華道統
全民信心
四十年歲月
憂時　憂世
憂國　憂民
但有一小撮喪心病狂者
別有用心
只飲水不思源
只知罵　吵　打　砸
忘了今日的繁榮
是全民四十年的慘澹經營
只會遊行抗議
忘了今日的富庶
是全民胼手胝足的血汗結晶

您們忍受侮衊
您們無視否定
在時代的要求下
在潮流的期盼中
完成第一階段修憲
四十年謹遵託付
四十年無負國民
重任已卸
心願已了
歷史舞臺
在主席葉金鳳的議事槌響聲中落幕
您們——
熱淚盈眶
髮蒼蒼

視茫茫
拄箸杖
回眸中山樓
金碧輝煌
前瞻陽明山下
迷霧中還有更艱苦的第二段
揮揮傷感的手
唉—
就讓年輕人去管吧
相信歷史不會忘卻這段輝煌

燭

何其矛盾
笑也在場
哭也在場
既淒淒爲黑暗垂淚
又甘心爲光明自焚

國是會議

一記春雷
消除幾許雜音
調成一曲和聲

一陣春雨
催化幾許枯枝
綻放一片翠綠

一條大川
容納幾許溪流
灌成波瀾壯闊

醉人和風
吹綠台灣
也吹綠江南

它用千萬人的心聲
它用千萬人的智慧
它用千萬人的理念
繪就中國璀璨的遠景
它不是劃過時空的流星
而是永恆的北極星
它不是光彩奪目的霓虹燈
而是有光有熱的太陽能

「坐監惜別會」

披上「黨外」的道袍
臉上塗滿無恥的油彩
把群眾當傻瓜
把監獄當舞臺
隱善揚惡
黑白顛倒
在諷刺如雷的掌聲中
替社會秩序佩上黑紗
在滑稽如潮的喝采中
替道德廉恥豎起十字架
然後高舉雙臂
恣意地打出勝利的手勢

不停地揮舞
莎喲拉啦
自由人權
莎喲拉啦
法律尊嚴

中秋感懷

儘管阿姆斯壯
在月球踏出一小步
對人類而言
卻是一大步
對中國人而言
那只是最輕盈的一碎步
因爲那一步
沒有踩碎靈宵寶殿的一片瓦
沒有弄髒嫦娥阿姨霓裳羽衣
沒有踩扁圓圓的月餅
沒有踩碎中國人求圓的心
皓月當空

心念千里
天涯共此時的心情
美國的阿姆斯壯啊
你豈能與中國的吳剛比勝
中國人將繼續用愛月心情
填平你的腳印

訪南仁湖

以頂禮心情
循著雨水足跡
爬越山澗滿佈清苔的岩林
穿過錯綜原始蔓藤
樹蟬隨陣陣山風嘶喊
野花朵朵笑臉迎人
彩蝶頭頂飛舞
蟹兒足下橫行
不知幾回汗水淋浴之後
換上陽光篩花滿身
既興奮又緊張
即可了卻多年夢寐嚮往

但蓬門深鎖未開
它拒絕文明造訪
偷偷地推開它的後窗
看不到一點世間俗物
好純潔的一片自然寶藏
湖岸蜿蜒
群峰倒影
湖水瀲灩
金波蕩漾
慵慵地依偎南仁山上
擁抱萬千生態
編織保護溫床
日日夜夜與天籟談心
歲歲年年管它地老天荒

附註：南仁湖，屬墾丁國家公園風景系列，位於滿州鄉九棚村。該地經劃為自然生態保護區，為防止污染破壞，僅供有關生態環境學術研究之用。

夜遊溪頭

啊——
溪頭夜
寒風冷雨中踱過
留下的是歡樂
不是寂寞
因爲雲朵下仍透著微弱的星光
引導人奮鬥的方向
澈夜雲蒸霞蔚
能否洗滌心上的蒙塵
澈夜迷霧飄渺
能否領入空靈
樹海在晨曦中翻滾碧浪

那份俊挺碩壯傲世不群的風格
孕育多少棟樑
我難忘且景仰這孕林之鄉

煙雨杉林溪

把一夜汗雨
抖落大學池
把一夜睡眠
拋進林海
把一夜的思緒
寄放在竹廬
只帶一身滋潤雨露
向溪頭告別
十二生肖彎
在車後迤邐飛馳
峭壁千仞
深壑萬丈

啊——留龍頭
一片朦朧煙雨
浩渺無垠

在釀雲
在製嵐
在繪畫
在寫詩
霧海澎湃
雲浪排空
晴天
多少墨客曾在此掬得滿懷彩霞
雨天
我只好掬飲一盅微雨清霧

山窮水盡疑無路
煙雨漫漫山林溪
山林愈加翠綠
溪中點點漣漪
遊人彩衣彩傘

溪岸繁花錦簇
柳梢拂面
飛燕剪水
還有—
千古嗟嘆的紅檜
看盡冷暖的天地眼
古意盎然的松瀧岩
森林浴場的燕庵

歸來幾隻行囊
貪婪地
裝滿杉林
裝滿溪水
裝滿春花
還有滿懷煙雨

夜宿武陵

加工區管理處76年秋季自強活動
夜宿武陵國民賓館有感

夜深了
群峰擁抱著大地
榮民擁抱著農場
農場擁抱著果樹

夜深了
月亮斜入紗窗
照亮牆上鏽蝕的鋼盔
照著牆腳沾泥的鋤頭

夜深了
夜鶯低唱催眠曲
催榮民快入夢鄉
催水蜜桃快成長

夜深了
山風輕柔的雙手
撫摸榮民厚繭的雙手
拂去心頭多年的思鄉

夜深了
溪中冰河時代的櫻花鉤鮭
笑陶淵明的桃花源只是烏托邦
豈勝過今日的武陵農場

夜深了
群星默默無語
榮民可歌可泣的犧牲奉獻
讓七家灣溪潺潺訴說到天亮

夜宿阿里山

夕陽拉下阿里山夜幕
心靈脫去塵囂外衣
恣情地躍入森林浴場
聽天籟傾訴
群星在姊妹潭私語
還是那段古老的故事
殘月似蘭嶼獨木舟
劃破無垠的林海
掀起陣陣霧漪
冉冉飄向虛無
神木忍耐三千年風雨
擁抱斯民斯土

神木胸懷三千年滄桑
讓人神情牽繫
三代木在詮釋
生命傳承不已
小火車不停穿梭
軌跡織成滿山往事
夜鶯哼著那首「高山青」
輕柔地撫著群山入睡

藤枝行腳

藤兒纏著枝
枝頭掛滿藤
藤在作畫
枝在寫詩

路是藤
山是枝
從山腳纏到山巔
把山與人纏在一起

一山嵐
一山霧

滿山夢幻
滿山遐思

踩著落葉
踩著枯枝
滴著汗珠
尋找城市的失去

森林浴罷
飲杯迷霧
抖落塵囂
醺然歸途
啊 藤枝

荖濃溪泛舟

荖濃溪
多淳樸的名字
雖不如黃河源遠流長
雖不如長江波瀾闊壯
但它一年到頭
靜靜地淌
慢慢地流
每隻漩渦
快樂歡笑充滿
每朵浪花
洋溢幸福安詳
伙伴們

興高采烈
抓穩槳把穩舵
險灘深淵
在團結合作中滑過
浪花在吶喊加油
分不清溪水汗水
分不清驚呼歡笑
它那雙溫柔的手
把伙伴全身撫透
朋友 莫讓十八羅漢(註)
笑生命短暫如蜉蝣的人們
還不把憂愁的包袱丟入溪流
還不把歡樂帶走

註:十八羅漢山位於荖濃溪西岸

無限哀思

蔣總統　經國先生
您走的那麼突然
但是必然
因爲您勞累人生燈油已盡
因爲您慈愛的蠟炬已成灰
怎不令人哀思懷念
一件土黃色夾克
一雙布鞋
一碗擔仔麵
一碟蚵仔煎
喝冰水品烏龍
與農民把臂談天

話桑麻談魚鹽
磨頂放踵如苦行僧
一雙穩健踏實的腳
走過烽火
走過艱難
走過流離
走過憂患
走過每寸國土
一雙厚實有力的手
千萬人握過
抱殘童擁老叟
撫不幸慰疾苦
闢荆斬棘
創造幸福

您是智者
於國家多難的情勢中
始終審慎樂觀因應而不惑
您是仁者
生於憂患死於憂患
爲國爲民無我無私而不憂
您是勇者
「置個人死生於度外
以國家興亡爲己任」而不懼
您走了
沒有留下寸土片瓦給子孫
卻留下豐盛的產業給國家民族
那就是——
人民的自由幸福

劃時代的十大建設
雄厚的經濟基礎
社會的繁榮富裕
開明的民主政治
啊—還有
同胞永遠的懷念
同胞無限的哀思

自由的揚棄

中國的萬里長城
尚圍不住歷代帝王的霸業
東德百六公里的柏林圍牆
豈能保衛共產專制
一九六一以來
自由與奴役
分清涇渭
人間親情
隔離天涯
多少生命在牆頭倒下
多少美夢在牆下破碎
民主在牆隙中偷窺

自由在日夜飲泣
二十八年的歲月
它承受不住—
自由的熱血熱淚
民主的吶喊期待
人民的呼號祈求
世人的唾棄咒詛
潮流的衝擊侵襲
墻終於垮了洞開了
共產向民主握手道歉
奴役向自由鞠躬投降
歡欣的東德人民湧出圍牆
初嚐自由的滋味
澈夜如痴如狂

正義高擎自由的簸箕
揚棄著柏林圍牆
讓它在民主的風潮中
飄向歷史的灰燼

百年如一日

——賀中國國民黨百年黨慶——

百年
只有可數的三萬六千五百天
但您思維的劫難
又何止三萬六千
您始終為中華民國
以生命塑造圖騰
您始終為中華民國
以熱血寫下永恆
勇往直前
無悔無怨
正如母親不變的慈愛

百年如一日
未來一日如百年
謹祝——
百年老店新開張
嘉猷大展福壽綿
命運共同成一體
再創中興堯舜天

風雨生信心

關山露營——攝影研習班户外習作感懷

落日彩霞
將關山的夜幕拉下
遠方的漁火點點
夜空星月若隱若現
夜幕下營帳五光十色
啊　多美好的畫面
人手一機
感情注入鏡頭
胸懷付諸大地
物我皆忘
快門抓住永恆　鏡頭框住大千

真善美盡入畫面

沈靜的子夜
突來一陣驟雨
敲碎了寂靜的大地
帳篷盡濕
靜坐車廂
聆聽浪濤拍案　風雨和鳴
靜看海上漁舟　載浮載沈
怎不思潮起伏
一連串的問號浮上腦際
跋山涉水　風裏雨裏　所爲何哉
答案是—
爲愛好而瘋狂

爲藝術而執著
花花世界　宇宙時空
我們只框一隅　只取一剎
這　何嘗不是一種洒脫的人生

雲散風收雨歇　星月再現
象徵著——
黑暗過去就是黎明
憑著信心和毅力
化險阻爲坦途
風雨可以生信心
何嘗不是人生

詩樂之橋

黃友棣教授作品演唱會聆後

寒風
擋不住詩壇與樂壇結盟的心
至德堂內塞滿熱情人潮
屏息
靜悄
聽——
詩在燃
歌在燒
琴聲在跳
心靈在飄
雄渾　激盪

空靈　肅穆
黃大師以曠達音樂情懷
架起詩樂之橋
黃大師的愛鄉愛國風範
如西子灣澎湃的浪潮
黃大師獻身音樂教育
如高屏溪的水
不捨晝夜地流
如一甕醇酒
人潮醉了
港都醉了
木棉也醉了
風雨也停了
寒夜也暖和了

1986陳清明根際之旅

給——青年畫家陳清明先生

年輕的你
如一管剛開啓的水彩
如一卷剛伸展的畫紙
用炙熱的心靈
用熱愛與執著
馭白雲　翺翔壯麗大地
駕空靈　飽覽山川風貌
畫吧　盡情地
摘一筐彩霞
調和春江暖水

以　仲夏柳絲
深秋楓紅
嚴冬白雪
且留住天地間的
　　真
　　善
　　美
～寫於個展前夕～

宇宙警訊

一疋蔚藍欲滴的天空
漫不經心
掉進人類愚昧的染缸
染成一片灰濛
患了肺結核的白雲
整日遊蕩

尋不著藍天親娘
一陣淚雨（酸雨）
賜與大地一鍋酸辣湯
星星睜著白內障的眼眸
從臭氧層的破洞中

看到—
汪洋一臉愁苦的縐紋
河流在嗚咽
雨林在哭泣
浪濤在嘆息
萬物之笨啊
正日夜讓地球在飲泣

廟中躲雨

陣雨滂沱
暮色四合
我孤坐三鳳宮的一角
暮鼓陣陣
掩不住攤販的吼叫
悠揚磬聲
傳不進凡夫的耳朵
燭光輝煌
照不透紅塵迷霧
繚繞檀香
漂不淨濃厚銅臭
佛們金光閃閃

滿臉微笑
笑天下蒼生
好人求壞人也求
窮人求富人也求
唉—眾佛嘆息搖頭

懷念門前那叢竹

它曾是盆栽中一竿細小的葫蘆竹
無心地移植在走廊水泥地
經老伴悉心照顧
不待春雨
經常有筍出土
幾年的光景
長成一片茂盛
傲視都市灰濛的叢林
贏得多少稱讚
也引起路人驚奇的眼神
雖然無鳳來儀
可是白頭翁作秀舞臺

更是麻雀們說長道短的老人亭
不知多少個晨曦
伴我吟讀
不知多少個黃昏
陪我筆耕
每每婀娜多姿的舞影
拂淨心靈的沾塵
沈渾的幽篁
洗滌盈耳俗音
東坡曾說
寧可食無魚
不可居無竹
我何其榮幸
有魚有肉兼有竹

唉—
晨起佇立窗前若失
成群麻雀在對面陽台鼓噪抗議
啊—抱歉
我何嘗願意
且讓竹影永遠在心頭搖曳

—本事：門前種植一叢竹，終年綠意盎然，雀鳥棲息增添無限生活情趣。因房屋拆建關係，七十九年二月廿三日下午砍除，心中惆悵不已—

鳳山舊城巡禮

鳳山依然
舊城非舊
城門厚實
關不住歲月流失
神荼手持上方劍
也守不住過往滄桑
今晨的朝陽
鑽進古老的覘孔
偷窺城內的荒涼
老人拄著杖
蹣蹣跚跚在尋找舊城的風光
刁斗不再

更聲已遠
但一排堞垛
卻掛著兩百年歷史風霜

向單騎勇士——胡榮華致敬

騎上藍駝
七個行囊
滿腔信心
一袋離愁
踏上征途
四海遨遊
一千多個日子
在腳下踩過
四萬公里雲和月
被藍駝碾碎

啊——
撒哈拉沙漠
亞馬遜河
北極風雪
阿拉斯加的黑熊
秘魯警察的槍托
沐雨櫛風
餐風露宿
忍饑挨餓
窮山惡水
崎嶇坎坷
曾過國門不入
爲向大自然挑戰
爲人生理想

爲崇高目標
　爲證明龍的堅忍
　爲證明龍的傳人
　卓爾不群
出類拔萃
蔡雲輔單機橫渡太平洋
創下飛行記錄
王瀚游過直布羅陀
王贛駿在太空作實驗
李遠哲今年又得到諾貝爾
國旗　你　藍駝
遍及六大洲四十國
贏得國際友誼
促進國民外交

爲青年人作表率
爲現代人樹楷模
你如你名
榮耀中華

美之頌

——為慶賀高雄市立美術館落成而寫——

高美館兮　南台之冠
擁抱內惟　柴山屏障
現代建築　美侖美奐
藝術薪傳　教育推廣
書畫雕塑　滿目琳瑯
陶瓷工藝　智巧大觀
展覽典藏　包羅萬象
媲美羅浮　不羨敦煌
精神文明　光芒萬丈
沙漠已飛　綠洲草長
港都文化　如濤如浪

變化氣質　抑濁揚清
潛移默化　勵進修養
社會祥和　國富民強
甲戌仲夏　擇吉啓館
官蓋雲集　來賓爆滿
恭逢其盛　撰頌廿行
館運昌隆　永垂無疆

頌華僑精神號

英雄　蔡雲輔

以無比的毅力信心
駕著單引擎華僑精神號
從舊金山到台北
歷盡艱險無畏橫逆
完成破記錄飛行
在熱切的期望祝福中降落國門
舉國歡騰
萬民同慶
因爲您
創造了飛行記錄
創造了航空歷史

創造了國人信心
是中國人的驕傲
是中國人的光榮
您更以如椽的白雲巨筆
飽濡太平洋的驚濤駭浪
在全球通往自由祖國的藍天
繪出中國人心繫的線
繪出中國人的焦點
繪出中國人的希望
繪出中國人的同心
繪出中國人的孺慕
繪出中國人的眷戀

寫在高雄市第八屆影展

攝影藝術
乘著快門的翅膀
飛越台灣海峽
飛越沙漠長城
飛越五嶽三江
錦繡山河攝入底片
民族情誼填滿景窗
按動快門的手
已緊握在一起
相機已成海峽的橋樑
讓鄉情盡情地通往
相機是雙溫暖的手

撫慰著苦難的創傷
讓中國的攝影藝術
從高雄出發
在高雄沸騰
在高雄昇華

附註：高雄市第八屆影展，參賽者除台灣各地之外，並有香港、澳門、浙江、桂林、廣西、北京、上海、寧波、福建、吉林、貴州，盛況空前，高雄影展已獲致全中國攝影界之讚許，誰說高雄市是文化沙漠！

年夜飯的省思

炮聲如潮
一波波湧向年夜
家家戶戶溫溫馨馨和和樂樂
大大小小圍爐餐桌
面對進口洋酒水果
豐豐盛盛的菜餚
孩子們卻嘟著嘴
說又是雞鴨魚肉
說一見到就沒胃口
張羅了整天的主婦
掃興地皺眉頭
台灣天天在過年

雞鴨魚肉賤似當年蔬菜蘿蔔
把人們的嘴慣的好刁好刁
巧婦也難爲年節之炊
奶奶也嘆息搖頭
雞鴨魚肉天上不落
這是大家辛苦四十年才有的成果
多少腦汁
多少血汗
多少眼淚
樹蔭下嬌柔的小草
桶中孵的豆芽沒有經過霜雪
年夜—
多少將士爲我們冒寒風戍守
多少警察大街小街爲我們巡邏

多少司機爲服務人群南北奔波
多少人終年爲照亮社會在燃燒自我
不付出只享受
不珍惜保守
不創造奮鬥
雞鴨魚肉洋酒水果
不會輕易降落在年夜的餐桌

祭三閭大夫

鳳凰花恣意綻放
又見龍舟競渡
艾蒲飄香
雄黃酒拌攪愁緒
粽葉裹住悲壯
汨羅江水泱泱
流去無窮歲月
但願也流走民族憂愁
既離何必又騷
假如人性盡善
那有殘殺不已
只爲爭霸稱王

假如世間盡美
那有離騷不朽流芳
假如沒謫放江南
那有漁父亙古放歌
昏庸的楚懷王讒臣靳尙
早已灰飛煙滅
而你無我無私憂國愛邦
人民永遠景仰
你竭忠竭智死而後已
是詩人的榜樣
永遠謳歌永遠吟唱
謹以清醁一觴
斟於愛河之上
願　三閭大夫尙饗

詩人的圖騰

艾蒲
飄香了兩千三百年
龍舟
競渡了兩千三百年
汨羅江水
也流逝了兩千三百年
詩人的圖騰
三閭大夫—屈原啊
儘管你心愛的楚國已經遠逝
但你的憂國悲憤未減
你的愛國情操未變
你今天一定獨步江邊

仍然滿腹「離騷」
痛吟「九歌」
長嘯「天問」
爲什麼
龍舟依然
楚懷王依然
昏闇也依然

屏山文會

啊——
熱心文藝的勵進
挑在多情的五月
召集筆的隊伍
薈萃屏山
吟秦腔
唱古曲
歌故鄉
舞春風
繪行空天馬
畫鳥語花香
書萬世宏綸

表演指書真章
讓藝文在此融會
絲竹管弦和鳴
白髮紅顏相映
當我們參觀工廠
沒聞到一絲油污氣味
四周卻瀰漫著藝文芳香
當我們參觀雄偉的隔音牆
聽不到一點噪音
只聽到綠帶林中的鳥語蟬唱
啊—美麗的花園工廠
啊—驕傲的環保之光

問海

海啊　你
爲何浩瀚
只因人心太狹窄
爲何深邃
只因人心太膚淺
爲何湛藍
只因人眸太灰暗
爲何不枯
只因世間無真情
爲何鹹澀
只因人間無味
爲何成其大

只因能容大納小
爲何亙古浪語不休
只因天下的慈母
都是一樣的嘮叨

碑——矗立在心中

全國第一座七七抗戰勝利紀念碑
矗立在鳳山市國泰路旁
讓飛馳而過的車流看到
也讓受惠最大遺忘最快的路人看到
碑　矗立在山河凝固的血流中
讓億萬具戰士的枯骨看到
也讓數不清的悲痛慘烈看到
碑　矗立在八年長痛的傷疤上
讓日月星辰看到
也讓風雨霜雪看到
碑　矗立在泱泱的中華國風上
讓以德報怨看到

也讓以德報怨的日本看到
碑　矗立在國人的尊嚴上
讓二十一世紀看到
也讓百年來列強無恥而羞愧的眼眸看到
碑　矗立在鳳山
頂天立地
正如龍的傳人剛毅的脊樑
它撐住八年的艱苦卓絕
它記錄半世紀的海棠血淚
光輝的抗戰精神啊
但願如碑矗立在十二億的心上

年表

李玉，輩字迪爲，主後一九二八年，歲次戊辰重陽節生於湖南省武岡縣蓼溪鄉牛山李家（現隸屬洞口縣茶鋪鄉）。祖父鍾英公，曾任前清四川蒼溪縣知事多年，客逝任所；祖母楊氏豫人，伯父鹿鳴、父濟美、母袁氏順姣，生我兄妹五人，長兄迪民、次兄迪劍、大妹柏蓮、次妹梅蓮，吾居其中。

一九三六◎八歲啓蒙，先後從堂叔允成、叔祖香谷，讀四書、瓊林、史鑑等，讀書識字。

一九四〇◎十二歲，廢私塾，進保國民小學，師楊澤民。

一九四二◎十五歲入觀瀾小學，二年高小畢業。

一九四五◎經大姐夫蕭調俊介紹，進入洞口平元鄉公所任鄉丁，辦理苗區戶口清查及催征民伕約半年，因志趣不合離職。

一九四七◎十九歲，改單名一玉，農曆二月廿二日離家，於衡陽考入青年軍二零五師。秋，部隊進駐台灣屏東、嘉義、岡山、臺中等地。

一九四九◎進入陸軍第四軍官訓練班軍士隊第七期，接受孫立人將軍之新軍訓練，大陸情勢逆轉，部隊改編爲砲兵第十四團。

一九五〇◎三月一日離開部隊，經鄒少卿介紹投入台灣省保安警察第二總隊，派駐北港糖廠。

一九五四◎二十六歲，六月十八日與北港籍陳月霞小姐結婚。

一九五五◎長女慎芬出生。

一九五七◎克盡職守，獲頒警察獎章。

一九五八◎三十歲，次女莒光出生。

一九六〇◎長子慎政出生。

一九六二◎三十三歲，在職十年以上，成績優良，獲頒警察獎章。

◎元月初四父濟美逝世，十二月二六日慈母袁氏順姣逝世。

一九六三◎次子慎德出生。

◎當選模範警察獲頒警察獎章。

一九六四◎調台南縣車崁糖廠。

一九六六◎進入台灣省警察學校警員班第二十三期第十九隊受訓，爲期一年。

一九六七◎三十九歲，在警校以第一名畢業，操行成績破創校紀錄高達一百零七分，因在校成績優異，特調派駐高雄加工出口區代理小隊長一職。

一九六九◎由台南車崁糖廠虎山宿舍遷入高雄市前鎮區崗山仔自宅。

一九七〇◎勤餘從事寫作投寄「警光月刊」發表，多篇曾獲選入「工作經驗談」單行本中。

一九七一◎調金山核能一廠服務，再調回高雄加工出口區。

一九七三◎警察人員特種考試，行政警察人員乙等考試優等及格。

一九七五◎調楠梓加工出口區中隊部任辦事員。

◎四月六日戒煙，煙齡已三十餘年。

一九八二◎五十四歲，十二月二十六日，決志信奉基督與妻同時受洗，由基督教信義會崗山教會周茂盛牧師施洗。

一九八四◎榮獲加工區文藝徵文賽小說組第一名；詩歌組第二名。

一九八五◎榮獲加工區文藝徵文賽小說組佳作；詩歌組第二名；散文組第二名。

◎經高雄市書法學會理事長劉百鈞先生介紹加入青溪新文藝學會。

◎經同事杜志文介紹，加入高雄市攝影協會。

一九八六◎榮獲加工出口區文藝徵文賽散文組第一名；小說組第三名。

◎經楊　濤先生介紹，加入中國文藝協會南部分會。

◎榮獲加工區十三屆攝影比賽銅牌。

◎榮獲高雄市攝影學會冬季杯銅牌。

◎榮獲加工出口區十四屆攝影比賽銅牌。

一九八七◎十月一日退休。
◎榮獲青溪新文藝金環獎—民俗相聲銅環獎。
◎榮獲第四屆警光藝苑攝影比賽銅牌。

一九八八◎榮獲青溪新文藝金環獎—民俗相聲銀環獎。
◎榮獲高雄市觀光節攝影比賽優選。

一九八九◎六十一歲，長外孫女安妮出生。
◎榮獲高雄市生命線協會二十週年攝影賽銅牌。
◎榮獲青溪新文藝金環獎—民俗相聲金環獎。
◎榮獲台灣省第一屆金輪獎攝影組佳作。
◎榮獲台灣省第三屆主席杯攝影賽優選。

一九九〇　◎長孫惠平出生。

◎榮獲加工區文藝徵文賽小說組第一名；詩歌組佳作；散文組佳作。

◎榮獲高雄市社教館舉辦「美化人生」攝影賽佳作。

◎榮獲青溪新文藝學會金環獎—民俗相聲銅環獎。

◎榮任高雄市攝影學會會刊主編並當選監事。

◎榮獲加工出口區第十七屆攝影比賽金牌。

一九九一　◎六十三歲，次孫惠群出生。

◎榮獲加工出口區文藝徵文賽詩歌組第一名；小說組第二名；散文組第二名。

◎榮獲高雄市文藝學會舉辦—迎向九零年代短篇小說佳。

◎榮獲高雄市政府舉辦「高雄之美」攝影賽銀牌。

◎榮獲高雄市攝影學會「專題攝影比賽」銅牌。

◎榮獲今日彩色沖印公司舉辦龍舟攝影比賽銅牌。

◎榮獲青溪新文藝金環獎—短篇小說銅環獎。

◎榮獲鳳青攝影學會舉辦歡樂杯攝影賽優選。

一九九二

◎二月十六日，長子慎政按立爲台北市外雙溪基督教浸信會慈光堂牧師。

◎高雄市政府新聞處主辦「美哉高雄—名家有約」忝列邀請。

◎當選高雄市青溪新文藝學會理事。

一九九三

◎次外孫女珍妮出生。

◎文建會暨高雄市文化中心舉辦「阿里山文藝營」學員極短篇徵文比賽獲佳作。

◎當選高雄市攝影學會常務監事兼主編。

◎九月十一日赴大陸探親。

一九九四◎榮獲加工出口區文藝徵文比賽小說組第三名。
◎榮獲青溪新文藝金環獎─民俗相聲銅環獎。
◎榮獲國軍新文藝金像獎─民俗相聲佳作。

一九九五◎榮獲加工出口區文藝徵文賽小說組第二名。
◎應聘爲大高雄時報採訪副主任。
◎當選港都文藝學會首任理事。
◎榮獲青溪新文藝金環獎民俗相聲佳作獎。
◎榮任基督教信義會崗山教會慶祝立會廿週年史料展覽暨編輯組長。

一九九六◎五月廿六日當選中國文藝協會南部分會監事。
◎六月一日當選高雄市青溪文藝學會理事。
◎榮獲加工區第廿屆徵文比賽詩歌組第一名。